바른 성경을 찾아서 14

책들의 제왕

피터 S. 럭크만 지음 · 윤지영 옮김

말씀보존학회

The Monarch Of The Books

By

Dr. Peter S. Ruckman

Bible Baptist Bookstore

Pensacola, Florida

2015 / Korean by Word of God Preservation Society

Seoul, Korea

차 례

이 책에 인용된 성경 구절은 〈한글킹제임스성경〉입니다.

들어가는 말

"전문 직업인들"이 사용하는 용어들

특정 업계나 전문 직업에 속한 사람들은 다른 업계 및 직업들보다 더 돋보이게 보일 목적으로 "그들만의 전문적인 어휘"를 만들어 낸다. 의사들, 변호사들, 과학자들이 만들어 낸 단어들은, 외부인이 자기네 분야에 쉽사리 들어오지 못하도록 차단하기 위해 고안된 것들이다. 따라서 어떤 새로운 사람이 어떤 특별한 분야로 들어와 "인정받는 존재가 되기" 위해서는 그 분야에서 수십 년간의 연구와 경험을 쌓아야만 한다. 의학 학술지나 자동차 전문 잡지, 치과 병원 차트 또는 총포공이나 자물쇠공이 쓴 책들을 보면 내 말이 무슨 말인지 이해가 될 것이다. 이런 잡지들이나 서적들은 해당 직업에 관한 세부 내용들을 설명할 때 쉽고 일상적인 단어들보다는 가급적 난해한 표현들을 사용하기 때문에, 그 분야에 대해 배우려는 사람은 어쩔 수 없이 엄청난 돈과 시간을 들여서 그들만의 "전문 용어"를 배워야 한다. 일례로 "표피"(epidermis), "비골"(fibula), "대퇴골"(femur)과 같은 단어들은 일생을 자동차 고치는 데만 전념해 온 정비공에게는 아무런 의미도 없는 어휘들이다. "타락전 선택"(supralapsarianism)이나 "예정"(foreordination)과 같은 말들도 "캡슐"(capsule), 곧 우주선을 타고 "재돌입"(reentry)하는 우주비행사에게는 아무 의미가 없다(여기에서 "캡슐"이란 말 역시 "우주선"이란 용어를 가능한 한 복잡한 어휘로 만들기 위해 다른 특정 업계에서 차용된 단어이다). 마찬가지로 "맥거크 캠축"(McGurk camshafts)이나 "냉각 리테이너 스프링"(chilled retainer springs)과 같은 용어들은 주부나 서류 업무를 하는 사무직 종사자들에게는 전혀 의미가 없다. 이처럼 업계마다 그들 나름의 용어들을 가지고 있는데, 이는 의도적으로 이해하기 어려운 어휘들을 만들어 그들 업계에 대한 신비감이나 권위적인 분위기를 일반인들에게 환기시키기 위함이다.

예를 들어보자. 어떤 치과 의사가 당신의 입 안을 들여다보면서 "치주염(periodontal troubles)이 있고 상하 전치들(upper and lower incisors)이 그렇게 튼튼하지 않네요."라고 말하는 대신에 그저 "잇몸에 염증이 생겼고 위아래 앞니가 그렇게 튼튼하지 않네요."라고만 말한다면, 환자들에게 치료비를 떳떳하게 청구할 수 없을 것이다. 말하자면 치과대학이나 의과대학들은 전문 직업인들에게 전문 용어를 가르치기 위해 세워진 학교들로서, 이들이 생계를 유지할 수 있도록 도와주는 기관들인 것이다.

그러나 의료계와 법조계를 제외하고 "성경비평"과 "필사본증거" 분야만큼 새내기가 배워야 할 긴 단어들을 그렇게 많이 고안해 낸 직업은 어디에도 없다. 이것은 평범한 그리스도인들을 완전히 무지하도록 내버려 두거나 그런 "어휘들"을 배우는 데 거액의 돈을 지불해야 하는 전문학교에 입학하라고 강요하는 것이나 마찬가지이다. 이런 식으로 모든 성경 비평가들은 일반 교인들보다 "우위"에 서서 일종의 "신비감"이나 "마력"을 등에 업고 하나님의 말씀을 변개시킨다. 독자들이 멍하도록 만들기 위해 고안된 수천 개의 용어들 중에 몇 가지 사례를 들면 다음과 같다.

❶ 아스트룩의 단서(Astruc's Clue)

❷ 교정자들(Redactors)

❸ 삽입들(Interpolations)

❹ 전이(Transposition)

❺ 70인역 사본(Septuagint Manuscripts)

❻ 하기 이오타(Iota subscriptum)

❼ 어미에서 세 번째 음절(Ante-penult)

❽ 혼합이론(Conflate theories)

❾ 알렉산드리아 교정본들(Alexandrian recensions)

어느 업계든지 누구나 이해할 수 있는 용어를 사용한다면 일반 사람들에게 우습게 보일 것이다. 일례로 어떤 "전문가"가 "비평판본(critical editions)의 비평장치(critical apparatus)에 따르면 마가복음의 혼합본문(conflate readings)과 공관복음의 전이(transpositions)의 원인은 안티옥 교정본(recension)에 있음을 알게 된다."라고 말하는 대신에, "헬라어 성경들 본문에 달아놓은 각주들은 안티옥 성경에 손을 댄 누군가가 마태복음, 마가복음, 누가복음에서 몇몇 다른 구절들을 마음대로 끼워 넣고 단어들의 일부 순서를 임의로 바꾸어 놓았음을 보여 준다."라고 이야기한다면 어떻게 되겠는가? 둘 사이에 무슨 차이가 있는지 알겠는가?

알다시피 어떤 업계든지 전문 직업인이든지, "평이하게" 이야기하면 "체면"을 잃는다. 어떤 젊은이가 학교에 가서 "말하는 법"에 대해 이미 알고 있는 방식으로 배웠다면, 학교 측은 분명 그에게 교육비를 당당하게 청구하지 못할 것이다.

그러나 영리활동을 목적으로 하는 자본주의 세계에서는 "고객을 언제나 무지하도록 만들기 위한" 술책을 사용한다. "항지방간 작용(Lipotropic activity)이 혈관 질병(vascular diseases)의 발생 가능성을 일제히 축소시켜 주지만, 효력을 향상시키기 위해서는 메티오닌(methionine)이 이러쿵저러쿵 되어야 합니다."라는 식으로 말하면 진료와 처방전에 대한 비용을 떳떳하게 청구할 수 있다. 하지만 "이 알약을 드시면 아무런 부작용 없이 복통이 사라질 것입니다."라고 평이하게 말하면 환자들에게 진료비를 청구하는 것이 마음에 좀 걸릴 것이다.

누군가가 어떤 것이 하나님의 말씀이고 또 그 말씀이 어디에 있는지 알려고 할 때, 즉시로 만나게 되는 사람들이 소위 "학자 연합" 소속의 "전문 직업인들"이다. 이들은 분명하고 꾸밈이 없는 있는 그대로의 진리를 가리기 위해 고안된 발음하기도 어려운 단어들로 완전 무

장을 하고 있다. 그래서 우리는 세상에서 가장 위대한 책인 〈킹제임스성경, 1611〉에 대한 진리를 발견하기에 앞서서, 안타깝지만 이런 용어들 가운데 몇 가지를 숙지해야 한다.

성경의 역사를 공부할 때 알아야 할 용어들

1. **파피루스(Papyrus)** : "종이"라는 의미의 "페이퍼"(paper)가 이 단어에서 기원했다. 종이의 옛 형태인 파피루스는 값이 저렴했고 여러 장소에서 발견되었지만 특히 나일 강을 따라 풍부하게 서식했다. 사람들은 이 식물의 섬유질을 겹쳐서 압축하여 글씨를 쓰는 재료로 사용했다. 처음에 신약성경은 여기에 기록되었고 이렇게 기록된 성경 조각들은 "파피루스"로 불렸다. 학자들은 이러한 조각들이 발견될 때마다 P^1(파피루스 1), P^2(파피루스 2), P^3(파피루스 3) 등으로 분류해 나갔다. 신약의 서로 다른 부분들을 부분적으로 담고 있는 파피루스들 중 상당수가 교회사 초기 3세기에 걸쳐 기록되었다(A.D. 100-300).

2. **벨럼(Vellum)** : 이것은 그 위에 기록을 할 수 있도록 영양 가죽처럼 고급스런 재질로 만든 값비싼 가죽이다. 어떤 벨럼은 창문의 채양처럼 둘둘 말 수 있는 형태가 있는가 하면("두루마리"), 제본된 책처럼 페이지를 펼쳐볼 수 있는 형태가 있다("코덱스"). 코덱스

형태의 가장 오래된 벨럼 둘이 바로 〈바티칸 사본〉과 〈시내 사본〉이다. 벨럼에 기록된 이 두 개의 필사본은 각각 순서대로 영어 알파벳 대문자 “B”와 히브리어 알파벳 처음 글자 “알렙”(Aleph, א)으로 표기된다. (특히 “알렙”은 헬라어나 히브리어를 알지 못하는 사람에게 가급적 어렵게 보이도록 만들기 위해 채택된 문자였다!)

3. **원문들(Texts)** : 이것들은 서로 다른 사람들이 그처럼 조합시키기 위해 상당량의 자료들을 사용한 것처럼 모아 만든 헬라어 신약 본문들이다. (전문 직업인들은 “모아서 만들다”라는 표현 대신 “재구성하다”(reconstruct)라는 단어를 사용한다.) “원문”(text)이란 단어는 글로 기록된 어떤 문서의 “본문”에 적용될 수 있는 용어이지만, “헬라어 원문들”(Greek Texts)은 많은 사람들이 따랐던 헬라어로 기록된 신약의 본문들을 지칭한다. 이와 연관하여 일반적으로 잘 알려진 인물들로는 에라스무스(Erasmus), 스테파누스(Stephanus), 엘지버(Elzevir), 베자(Bezea), 밀(Mill), 펠(Fell), 월튼(Walton), 트레겔레스(Tregelles), 티쉔돌프(Tischendorf), 라흐만(Lachmann), 그리스바흐(Griesbach), 알포드(Alford), 메츠거(Metzger), 알란드(Aland), 네슬(Nestle), 웨스트코트(Westcott), 홀트(Hort), 사우터(Souter) 등이 있다.

4. **필사본들(Manuscripts)** : 이는 성경의 일부 문단이나 구절들이 들어 있는, 파피루스 또는 벨럼에 기록된 문서들이다. 이런 필사본들 중에는 신약 전체를 담고 있는 것들도 있고, 일부는 빠져 있지만 대부분의 내용들을 포함하고 있는 것들도 있다. 어떤 필사본

들의 경우에는 불과 몇 개의 구절들만 들어 있기도 하다.

5. 역본들(Versions) : 이것들은 누군가가 헬라어 원문에서 자국의 고유 언어로 번역한 신약의 본문들이다. 니케아 공회(A.D. 325) 이전에는 시리아어와 라틴어로 번역된 성경 역본들이 있었다. 다른 역본들로는 고트어, 페르시아어, 콥트어 등으로 번역된 성경들이 있다. "역본"에 해당하는 영어 "version"이란 단어의 진정한 의미는 성경의 "번역본"이다. 그런데 이 단어가 요즘에는 이미 번역된 성경을 동일한 언어로 "다시 새롭게 만들어 내다"라는 의미로 사용되고 있다. 그리하여 RSV(1952)와 ASV(1901)가 마치 〈킹제임스성경〉을 "개정"한 "역본들"인 것처럼 여겨지게 만든다. 하지만 이것은 사실이 아니다. 왜냐하면 ASV와 RSV 그리고 그 외에 다른 모든 새로운 영어 성경들은 〈킹제임스성경〉의 권위 역본과는 다른 "필사본들"로부터 나온 것들이기 때문이다.

6. 필사본 계열들(Families of Manuscripts) : 필사본들은 크게 "네 가지"로 분류된다. 〈킹제임스성경〉과 〈루터성경〉은 "시리아" 계열에서 나왔는데, 이는 〈표준원문, Received Text 또는 Textus Receptus〉으로 불린다. NASV(1963)와 NRSV(1973)는 "이집트" 계열에서 나왔는데, 학자들은 가급적 어려운 용어를 써야 하기에 이 계열을 "알렉산드리아" 또는 "히스키안" 계열이라 부른다. 나머지 두 계열은 많은 구라틴 필사본들을 포함하고 있는 "서방" 계열의 필사본들과 "카이사랴" 계열의 필사본들이다. 특히 이 마지막 "계열"은 〈킹제임스성경〉의 헬라어 표준원문을 지지하는 필사본들이 너무 많다는 사실을

은폐하기 위해 조작되었다. 결국 권위가 있는 본문으로부터 필사본상의 권위를 제거할 목적으로 만들어진 변개된 본문들의 계열이었던 것이다.

7. **명명법(Nomenclature)** : 이름들과 숫자들을 필사본들에 부여하는 것을 말한다. 그 이름들은 가능한 한 이해하기도 발음하기도 어렵게, 어원이 라틴어와 헬라어인 단어들로 표기된다.

이런 내용에 관한 한 문외한일지라도 본론으로 들어가기 전에 이런 "예비지식"을 갖춤으로써 본서에 등장하는 도표들을 잘 이해할 수 있어야 한다. 또한 빌리 선데이 이후로는 미국에서 진정한 부흥이 왜 일어나지 못했는지 그리고 하나님께서 존중하시는 종교개혁 본문에 대한 믿음이 회복되지 않고서는 미래에도 부흥이 일어날 수 없는 이유가 무엇인지에 대해 직접 확인할 수 있어야 한다. 많은 사람들이 증오하는 〈킹제임스성경〉이 역사상 어떤 시기에 존재했던 어느 다른 성서들 내지는 번역본들보다도 훨씬 우수하다는 사실을 입증해 주는 세 가지 사실이 있다.

1. **부흥과 구령** : 어떤 다른 "성서들" 세 개를 합쳐서 이룩한 사역보다도 〈킹제임스성경〉을 설교하고 가르쳤을 때 더 많은 혼들이 구원받았고 더 많은 선교 사역이 이루어졌다.

2. **물질적이고 물리적인 번영** : 영국, 독일, 미국의 역사는 종교개혁 본문을 존중할 때에는 물질적인 복을 받는 역사였지만, 그 본문을 "버렸을" 때는 엄청난 참사가 뒤따랐다.

3. 〈킹제임스성경〉을 거부한 자들의 열매들 : 라틴아메리카나 남아메리카 국가들 중 어떤 나라도 세계적인 강대국은 물론 삼류 국가 축에도 들지 못했다. 새로운 "성서들"을 위한 헬라어 본문을 홍보했던 사람들이 구령자들이었다는 증거는 전무하다. 그들 가운데 대다수는 (네슬, 알란드, 메츠거, 웨스트코트, 홀트, 라이트풋, 엘리콧 등) 그리스도께 회심했다는 분명한 기록조차 남기지 못했다. 그들 대부분은 〈킹제임스성경〉을 통해 200년 동안 말씀이 전파되던 시대에 살았으면서도, 로마카톨릭처럼 침례에 의한 중생을 믿었다. 카톨릭의 열매는 교회 역사가들에 의해 잘 알려져 있다. 로마카톨릭은 〈킹제임스성경〉의 헬라어 본문을 올바른 본문으로 받아들인 적이 "단 한 번도" 없었다. 대신 그들이 수용했던 제롬의 〈라틴벌게이트〉는 대부분의 주요 본문들이 "이집트" 계열의 필사본들과 일치한다.

이상의 문제들에 대해 더 철저하게 연구해 보고 싶은 독자들을 위해, 쉽게 구입할 수 있는 보다 훌륭한 서적들이 많이 있다. 그러나 다음에 제시하는 책들 중 어떤 것도 오늘날 주요 기독교 대학 및 신학교들에서는 별로 주목받지 못할 것이다. 이유는 단순하다. 이 책들은 학생들로 하여금 〈킹제임스성경〉을 고치는 교수진보다 바로 그 성경을 더 신뢰하도록 만들 것이기 때문이다! 이들 학교들이 이런 상황을 용납할 리 만무하다. 따라서 "믿음의 요새" 또는 "정통 신학의 보루"로 자처하는 주요 기독교 학교들이 다음의 책들을 "배척하는" 것은 당연한 일이다.

❶ 〈Believing Bible Study, 에드워드 힐스〉

❷ 〈Which Bible, 데이비드 오티스 풀러〉

❸ 〈Traditional Text, 딘 버간〉

❹ 〈God wrote only one Bible, J. J. 레이〉

❺ 〈The Christian's Handbook of Manuscript Evidence, 피터 S. 럭크만〉

❻ 영국 런던의 「Trinitarian Tract Society」에서 발행한 출판물

현대의 "근본주의자" 협회는 하나님의 말씀을 버렸기 때문에(물론 "입으로는" 여전히 믿는다고 말하지만), 하나님의 자녀는 반드시 따라야 할 올바른 정보로 단단히 무장해야 하고 지금 자기가 말하고 있는 내용이 "무엇인지" 그리고 믿고 있는 대상이 "누구인지"를 분명하게 인지하고 있어야 한다.

성경대로
믿는
그리스도인이
알아야 할

열두 가지

“도표”
와
“그림”

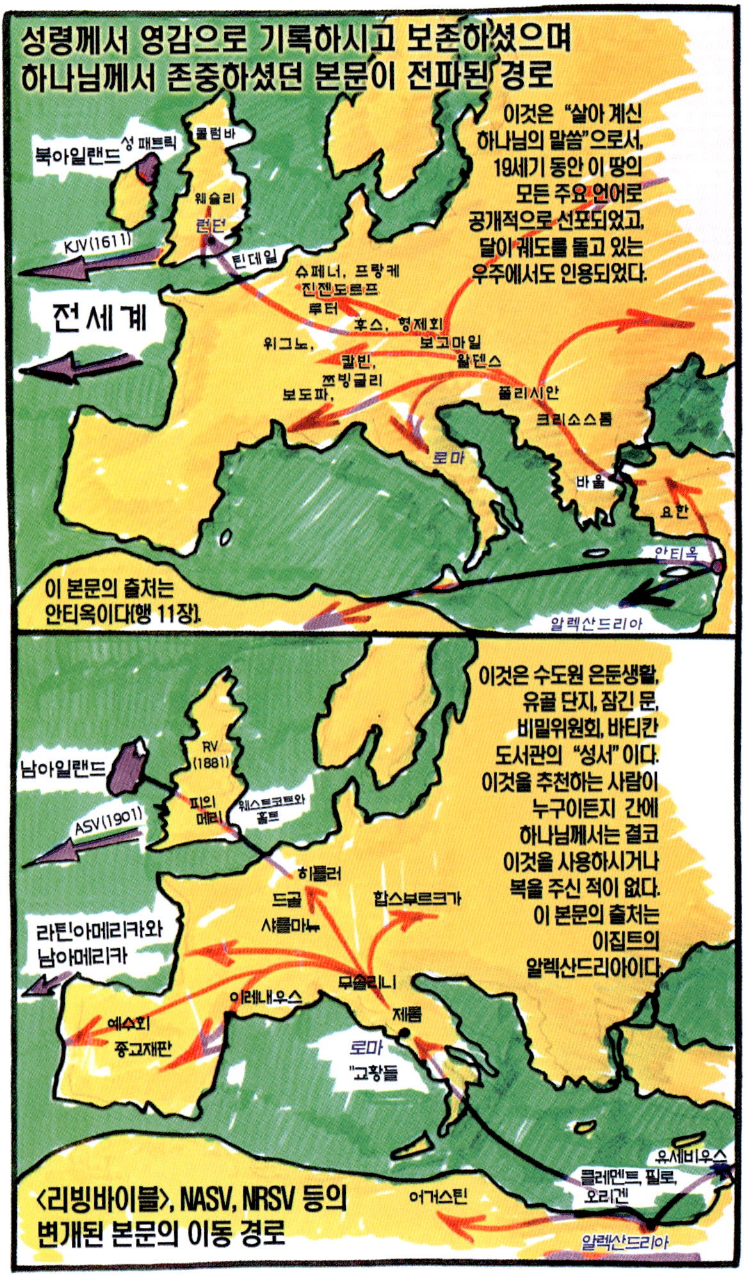
성령께서 영감으로 기록하시고 보존하셨으며
하나님께서 존중하셨던 본문이 전파된 경로
이것은 "살아 계신 하나님의 말씀"으로서, 19세기 동안 이 땅의 모든 주요 언어로 공개적으로 선포되었고, 달이 궤도를 돌고 있는 우주에서도 인용되었다.
북아일랜드
성 패트릭
콜럼바
웨슬리
런던
KJV(1611)
틴데일
전세계
슈페너, 프랑케
진젠도르프
루터
후스, 형제회
위그노,
보고마일
칼빈,
왈덴스
쯔빙글리
보도파,
폴리시안
크리소스톰
로마
바울
요한
안티옥
이 본문의 출처는 안티옥이다(행 11장).
알렉산드리아
이것은 수도원 은둔생활, 유골 단지, 잠긴 문, 비밀위원회, 바티칸 도서관의 "성서"이다. 이것을 추천하는 사람이 누구이든지 간에 하나님께서는 결코 이것을 사용하시거나 복을 주신 적이 없다. 이 본문의 출처는 이집트의 알렉산드리아이다.
남아일랜드
RV (1881)
피의 메리
웨스트코트와 홀트
ASV(1901)
히틀러
드골
합스부르크가
샤를마뉴
라틴아메리카와 남아메리카
무솔리니
이레내우스
제롬
예수회
종교재판
로마
"교황들
유세비우스
클레멘트, 필로, 오리겐
어거스틴
<리빙바이블>, NASV, NRSV 등의
변개된 본문의 이동 경로
알렉산드리아

첫 번째 도표

우선 위의 지도는 올바른 성경의 출처가 어디인지를 보여 준다(행 11,12장). 그리고 이 경로는 왈덴시안, 알비겐스, 보도파, 보고마일(라틴), 폴리시안(그리스), 후스파, 형제회, 모라비안, 메노파, 경건파(독일), 침례교도, 분리주의자, 청교도, 세대주의자, 근본주의자, 감리교도(영국)를 거쳐 땅끝까지 이어져 나간다. 또한 〈킹제임스성경〉의 본문은 1890년보다 훨씬 이전에 인도어와 중국어로 번역되었고, 1901년 이전에 세상의 모든 주요 언어로 번역되었다.

두 지도는 두 개의 서로 다른 "헬라어" 본문의 기원과 전파 경로를 보여 주고, 화살표들은 각각의 본문들이 다른 언어들로 번역되면서 전파되어 나간 방향을 나타내고 있다.

아래의 지도는 NASV와 NRSV의 저본으로 사용된 "히스키안"(또는 "알렉산드리아") 계열의 본문의 기원을 보여 준다. 이 본문은 이집트에서 기원했고, 이교도 철학자들이 설립한 알렉산드리아의 학교에 소속된 "전문 학자들"의 작품이었다. 이들 가운데 대표적인 두 인물이 "판테누스"(Pantaenus)와 "클레멘트"(Clement)였다. 오리겐(Origen, A.D. 184-254)은 이 "가장 희한한 대학교"의 학장이 되었고, 그의 손

길은 콘스탄틴(Constantine, A.D. 313)이 유세비우스(Eusebius, 카이사랴의 주교)에게 만들라고 명령한 "성서들"에서 발견된다. 그리고 제롬은 소위 〈라틴벌게이트〉를 번역하기 위해 이 본문을 사용했다. 또한 유럽에서는 암흑시대 동안 줄곧 이 본문이 지배적으로 사용되었다. 하지만 그로 인해 어떤 부흥도 일어난 적이 없었다. 암흑시대에 유일한 부흥의 "불꽃"은 〈킹제임스성경〉과 같은 본문을 사용했던 성경, 곧 왈덴시안, 보도파, 알비겐스의 〈구라틴성경〉으로부터 나왔을 뿐이다.

제롬의 〈라틴벌게이트〉를 홍보하고 지지하는 어떤 나라나 설교자, 학교 혹은 선교사도 하나님을 위한 성경적인 역사를 이룩한 적이 없었다. 이 본문은 1881년에서 1884년까지의 기간에 웨스트코트와 홀트에 의해 되살아났고, 그와 동일한 시기에 "종교개혁 표준원문"을 대신해서 영국성경개정위원회 안으로 유입되었다. 이것은 1582년의 예수회 사제들과 전미기독교교회협의회(NCCC, 1973)가 사용했던 본문이다. 또한 윌버 스미스(Wilbur Smith), R.A. 토레이(R.A. Torrey), 존 R. 라이스(John R. Rice), 닐(Neal), 커스터(Custer), 베니거(Weniger), 아처(Archer), 맥클레인(McClain), E.S. 잉글리쉬(E.S. English)가 이 본문을 추천해 왔다.

초 림

침례인 요한

"솔로몬의 지혜서" – 필로
셀롯인들과 바리새인들 – "집회서"
버질(70), 호레이스(65), 오비드(43)
B.C. 100 키케로(106), 에세네파 – 요세푸스
쿰란 공동체 – "수산나"
"아리스테아스의 편지"
마카비 1,2서 – 유디스 – 토빗
B.C. 200 로마와 그리스의 "신비 종교들"
플라우투스(254), 리비우스(272)
테오크리투스(315)
바빌론의 제사장직이 퍼가모로 이동함
B.C. 300 로마와 그리스의 "신비 종교들"
아리스토텔레스(384)
크세노폰(434), 소크라테스(470), 플라토(427)
B.C. 390 "에스드라서," 아리스토파네스(448)
B.C. 400 그리스와 로마의 "신비 종교들"
소포클레스(495), 유비페데스(480)

구약의 완성 B.C. 398

B.C. 398년과 신약 사이에 기록된 모든 저작은 "외경"이다.

초림 때까지는 기록된 계시가 더 이상 없었다.

재 림

엘리야와 모세

1950 – 공산주의 : 로크만 재단, 기독교 교육
새로운 "성서들" – NCCC, NACP, SDA, CIA, CFR
UN – 사탄주의 – 점성술
기독교 교육 – 크리스천사이언스
1900 – 사회주의 : 알버트 아인슈타인 – ASV(1901) – RSV(1946)
헬라어 원문 비평 – 헤겔
연방협의회 – 신지학
1850 – 무 신 론 : 칼 마르크스, 헉슬리, 지그문트 프로이트
몰몬교 – 제칠일안식일예수재림교
고등 비평 – 여호와의증인
찰스 다윈(1809), 슐라이어마허(1768)
1800 – 이 신 론 : 헬라어 원문 비평 – 에머슨(1803)
톰 페인(1809), 헤겔(1770),
피히테(1762), 잉거솔(1833)
1750 – 합리주의 : 흄(1711), 페일리, 레싱, 그라프–벨하우젠,
슈트라우스, 아스트룩, 세믈러
1700 – 계몽주의 : 볼테르(1694), 루소(1712)
1650 – 인본주의 : 스피노자(1632)
라이프니츠(1646)
홉스(1588)

권위역본 A.D. 1611

세계 공통어로 완성된 성경. 이와 모순되는 어떤 "성서"도 "외경문학"일 뿐이다.

재림 때까지는 기록된 계시가 더 이상 없을 것이다.

두 번째 도표

앞 페이지의 도표는 하나님께서 그분의 아들 주 예수 그리스도의 초림과 재림 직전에 각각 놓아 두신, 계시 속에 나타나는 두 개의 간극을 보여 주고 있다. 이 "간극"의 기간들 중에 다른 내용의 기록들이 인쇄되어 출간될 수 있을지는 몰라도, 하나님께서 친히 영감으로 기록하시고 보존하신 말씀에서 벗어나 그 어떤 것을 "계시해" 주시지는 않으실 것이다. 주님께서는 〈킹제임스성경〉의 본문을 마지막 "최종적인 본문"으로 주셨으며, 그것도 21세기 세계 공통어로 제시하셨다. 구약이 완성되었을 때, 하나님께서는 신약을 구성하는 첫 번째 책이 기록될 때까지 "그 누구에게도" 다시는 기록된 형태로 말씀하지 않으셨다. "선지서들"은 말라키로 끝이 나기 때문에, B.C. 398년과 B.C. 4년 사이에 등장했던 모든 "선지자들"은 "거짓" 선지자들이다. 1611년 이후에 나온 영어 "성경 개정본들"도 마찬가지이다.

〈킹제임스성경〉은 〈표준원문〉의 순수한 본문을 대표하는 본문이다. 이는 그것이 에라스무스(Erasmus), 스테파누스(Stephanus), 베자(Bezea)의 헬라어 본문과 〈제네바성경〉 그리고 암흑시대에 성경적인 믿음을 지키기 위해 죽었던 그리스도인 순교자들의 〈구라틴성경〉이 결합된 본문이기 때문이다. 1611년 이래로 어떤 보수주의나 자유주의 학자도 현재의 〈킹제임스성경〉 본문에서 단 "하나"의 모순도 결정적으로 증명할 수 없었다.

이 본문에 대한 수많은 거짓말들이 유포되었는데, 이것들 대부분은 "보수주의 학교들"에서 가르치는 교수진들로부터 나왔다. 이를테면, "1611년의 〈킹제임스성경〉의 본문은 1970년의 본문과 다르다," "〈킹제임스성경〉은 제임스왕에 의해 공인된 것이다," "〈킹제임스성경〉은 본문 상에 300개의 변화들이 있었다," "일관성이 없는 번역본이다," "〈킹제임스성경〉은 ASV와 RSV를 포함한 일련의 개정본들 가운데 하나에 불과하다"는 등의 거짓말들을 퍼트렸던 것이다. 이 비방들은 모두 100% 진실이 아니다. 진실은 하나님께서 B.C. 398년에 계시의 문을 닫으셨고, 1611년에도 다시 한 번 그 문을 닫으셨다는 사실이다. 이에 "지적인 사람"이라고 자처하는 현명한 사람들은 하나님께서 〈킹제임스성경, 1611〉의 번역자들을 사용하셨던 것처럼 그들을 사용하지 않으셨고 지금도 쓰지 않으시며 앞으로도 마찬가지이실 것이라는 사실에 대해 매우 분개하고 있다.

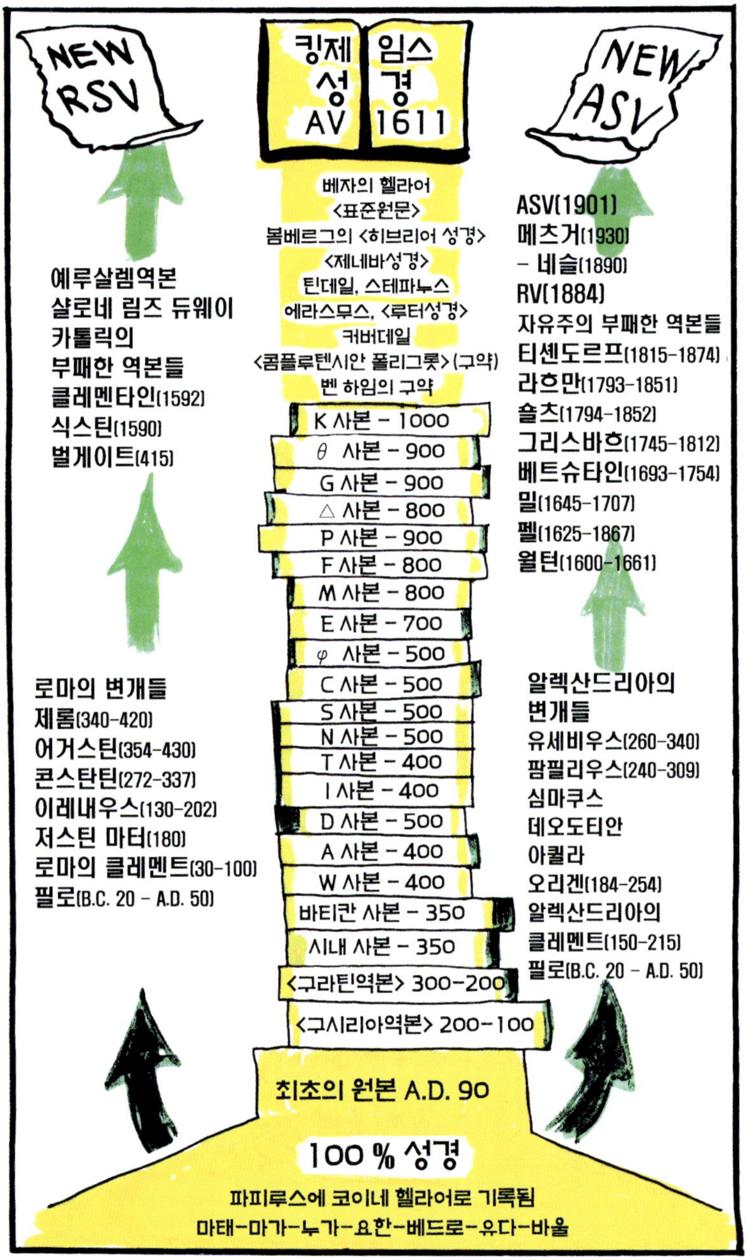
NEW RSV
킹제임스 성경 AV 1611
NEW ASV
베자의 헬라어 <표준원문>
봄베르그의 <히브리어 성경>
<제네바성경>
틴데일, 스테파누스
에라스무스, <루터성경>
커버데일
<콤플루텐시안 폴리그롯>(구약)
벤 하임의 구약
K 사본 - 1000
θ 사본 - 900
G 사본 - 900
△ 사본 - 800
P 사본 - 900
F 사본 - 800
M 사본 - 800
E 사본 - 700
φ 사본 - 500
C 사본 - 500
S 사본 - 500
N 사본 - 500
T 사본 - 400
I 사본 - 400
D 사본 - 500
A 사본 - 400
W 사본 - 400
바티칸 사본 - 350
시내 사본 - 350
<구라틴역본> 300-200
<구시리아역본> 200-100
최초의 원본 A.D. 90
100 % 성경
파피루스에 코이네 헬라어로 기록됨
마태-마가-누가-요한-베드로-유다-바울
예루살렘역본
샬로네 림즈 듀웨이
카톨릭의
부패한 역본들
클레멘타인(1592)
식스틴(1590)
벌게이트(415)
로마의 변개들
제롬(340-420)
어거스틴(354-430)
콘스탄틴(272-337)
이레내우스(130-202)
저스틴 마터(180)
로마의 클레멘트(30-100)
필로(B.C. 20 - A.D. 50)
ASV(1901)
메츠거(1930)
- 네슬(1890)
RV(1884)
자유주의 부패한 역본들
티셴도르프(1815-1874)
라흐만(1793-1851)
숄츠(1794-1852)
그리스바흐(1745-1812)
베트슈타인(1693-1754)
밀(1645-1707)
펠(1625-1867)
월턴(1600-1661)
알렉산드리아의
변개들
유세비우스(260-340)
팜필리우스(240-309)
심마쿠스
데오도티안
아퀼라
오리겐(184-254)
알렉산드리아의
클레멘트(150-215)
필로(B.C. 20 - A.D. 50)

세 번째 도표

이 도표는 "계열 분류"가 거짓임을 보여 준다. 왜냐하면 네 개의 "필사본 계열" 모두가 "성서들"로 통하기 위해 〈킹제임스성경〉 헬라어 본문의 최소 80%를 모조해야 되기 때문이다. 웨스트코트와 홀트는 이에 관해 설명하기를 "실제로 본문 상에 차이가 나는 부분들"은 불과 몇 개 안 되고, "많은 변화들"은 그저 "사소한 문제들"에 대한 것이라고 말한다. 하지만 이것은 온전한 진실과 거리가 멀다. 왜냐하면 "불과 몇 안 된다고 하는 실제적인 차이점들"은 알렉산드리아(히스키안) 계열의 필사본들에 의해 "그리스도의 신성"이 공격당하는 부분들이기 때문이다(눅 2:33, 마 1:25, 요 9:35, 눅 24:51, 딤전 3:16, 행 4:27 등).

아직까지 그 누구도 〈킹제임스성경〉이 최초의 원본을 온전하고 정확하게 번역한 성경이 "아니라는 사실"을 입증해 내지 못했다. 또한 어느 누구도 이러한 사실을 다음과 같은 두 가지 내용처럼 입증할 수 없다. ❶ "최초의 원본"은 결코 발견된 적이 없다. ❷ "어떤 것을 말하는 방법"(직업인들의 용어로는 "관용구" 또는 "어법") 상의 변화들은 언어마다 다르다.

〈킹제임스성경〉의 본문은 A.D. 90년경의 "일부" 필사본들에서 발견된다(파피루스 52, 요한복음 18장의 일부를 담고 있음). 게다가 〈표준원문〉이 "후대의 본문"이라고 가정하는 것은 학자들의 자만과 허영에 불과하다.

타티안(Tatian)의 〈디아테사론, Diatessaron, 사복음서공관, A.D. 190)은 웨스트코트와 홀트의 본문에서는 발견되지 않는 〈킹제임스성경〉의 헬라어 본문을 담고 있다. 웨스트코트와 홀트의 본문은 A.D. 330-350년에 기록된 필사본들로부터 가져온 본문이었다.

완벽한 〈킹제임스성경〉의 헬라어 본문이 A.D. 330년 이전에 하나도 손상되지 않은 채로 발견되고 있다는 사실을 입증할 필요는 없다. 다만 〈표준원문〉의 기원을 추적해 보면, 그 기원이 어떤 다른 계열의 "헬라어 필사본들" 못지않게 오래되었다는 사실을 증명할 뿐이다. ASV, NASV, RSV, NRSV 중에 그 어느 것도 "하나의" 본문에 전적으로 기반을 두고 있지 않다.

오리겐의 〈헥사플라〉

(A.D. 150-250)

최초의 성경 거부 "근본주의자"

전체 6란으로 되어 있는 이 책은 "근본적인 사항들"을 믿는다고 공언했던 자가 만든 첫 번째 비평 작품이다. 그는 아다만티우스 오리겐(Adamantius Origen, 185-254)으로서 성경에서 자기가 동의하지 못하는 부분을 마음대로 고친 장본인이었다. 이것은 소위 박사들이라고 하는 자들, 곧 널, 커스터, 베니거, 월버 스미스, 티엠 그리고 그 외에 수십 명의 학자들이 오늘날 저지르고 있는 일과 정확히 일치한다. 여전히 학자들은 〈헥사플라〉 제5란인 오리겐의 역본을 〈칠십인역〉이라고 언급하고 있다. 그리고 그들이 인용하는 〈칠십인역〉에는 신약성경이 포함되어 있기 때문에(〈칠십인역 성구사전, Septuagint Concordance〉 참조), 이것은 마치 오리겐이 "그리스도 이전에" 존재하고 있던 헬라어 구약성경을 가지고 그리스도 시대 이후에 작업을 한 것 같은 인상을 주게 된다. 하지만 이것은 사실이 아니다. 〈헥사플라〉에 나타나는 최초의 "헬라어 구약성경들"은 예루살렘이 파괴된 지 60년 이상이 지난 뒤에야 등장한다. 호슨(Howson)과 렌달(Rendall), 로버트슨(Robertson), 티엠(Thieme), 조디에이츠(Zodiates), 바이스(Weiss), 블리크(Bleek), 노울링(Knowling), 블라스(Blass), 빈센트(Vincent), 테이어(Thayer) 등이 인용한 필사본들은 신약성경이 완성된 지 200년이 훨씬 지난 이후에 기록된 것들이다.

이런 일련의 "성경들"과 연관된 이름들은 다음과 같다. : 알렉산드리아의 필로, 로마의 클레멘트, "오리겐," 팜필루스, 유세비우스, "콘스탄틴," 어거스틴, 제롬, "교황들," 이레내우스, "나폴레옹," 루이14세, 합스부르크가, 로욜라, 토마스 아퀴나스, "트렌트 공의회," 톨리, 발렌슈타인, "피의 메리," 샤를마뉴, "예수회 사제들," 그리스바흐, 라흐만, 트레겔레스, 바이스, 홀트, 라이트풋, 샤프, 샌데이, 엘리콧, 모펫, 굿스피드, "히틀러," 그레고리, 워필드, A.T. 로버트슨, "무솔리니," 웨스트, 티엠, 조디에이츠, "카스트로," "프랑코," 메이첸, "스펠만" 추기경, 풀톤 쉰, "로크만 재단," 헹스텐베르크, 그로아그, 해켓, "전미기독교교회협의회," 세계교회협의회, 연방협의회, 크레이그, 도드, 블레이크, 파이크, 페레, 포스딕, 미국에 있는 모든 보수주의 신학교 및 대학교 교수진들.

NRSV, 〈리빙바이블〉, 〈Good News for Modern Man〉을 위한 헬라어 저본은 이상 언급했던 일련의 본문들과 성서들, 학자들 그리고 세상 통치자들이다.

네 번째 도표

앞 페이지의 그림과 내용은 최초의 실질적인 성경 비평가이자 주석가인 오리겐이 했던 일이 무엇인지를 보여 준다. 그는 여섯 개의 헬라어 "본문들"을 나란히 비교해서 보여 주는 "비평적인" 저작을 만들어 냈다. 이것은 〈헥사플라〉로 불리고, 구약성경의 번역본들을 기록한 사람들은 오리겐, 심마쿠스, 아퀼라, 데오도티안이다. 이들 중 어느 누구도 믿음으로 말미암아 은혜로 구원받는 것을 믿지 않았다. 그들 모두는 행위에 의한 구원을 가르쳤다.

오리겐은 이 "비교 연구"를 위한 역본들 중에서 "제5란"을 기록했는데, 이것이 바로 죽은 정통주의 배교자들이 말하는 "LXX" 또는 〈칠십인역〉이다. 이들 배교자들은 그리스도의 시대 "이전에" "헬라어"로 기록된 "완벽한 구약"이 이미 존재했던 것처럼 보이려 한다. 그러나 A.D. 100년 이전에는 완벽한 헬라어 성경의 "칠십인역 필사본들"이 그 어디에도 없었다.

또한 오리겐은 외경이 영감을 받았다고 믿었으며 〈바나바 서신〉과 〈허마의 목자〉를 영감받은 문학으로 받아들였다!

알렉산드리아의 필사본들인 〈바티칸 사본〉과 〈시내 사본〉은 〈헥사플라〉의 "제5란"과 일치하는데, 이 두 필사본들은 모두 유세비우스

생전에 기록되었다. 그는 〈칠십인역〉이 영감을 받았다고 생각했고, 심지어 오리겐을 숭배하기까지 했다. NASV와 NRSV의 저본으로 사용된 헬라어 본문은 바로 이 〈칠십인역〉의 헬라어 본문으로서 그 출처는 이와 같은 계열의 헬라어 필사본들이고 소재지 역시 마찬가지이다. 또한 이 본문에는 요한복음 1:18, 누가복음 2:14, 마태복음 19:18,19에서 오리겐의 비성경적인 신학의 흔적이 들어 있다. 이것은 바티칸의 로마 본문이며, 죽은 정통주의 배교자들의 세속적인 본문이다. 그리고 하나님께서 인류 역사상 단 한 번도 증거하신 적이 없었던 본문이다.

로마의 학문은 참된 본문에
다음과 같은 것들을
"첨가"시킨다.
교황의 칙령들
벨과 용
크리스마스 전통
마카비 1서, 마카비 2서
토빗 유디스
교회의 공회들
교부들
교황의 회칙들
<공동 번역 성서>
이것이 바로 소위
"서방 계열"의 본문이다.

다섯 번째 도표

이 그림은 로마카톨릭과 로마의 서기관들이 그들의 수중에 들어온 안티옥의 〈표준원문〉을 어떻게 다루었는가를 보여 준다. 로마가 권위를 지닌 "계시의 출처들"로 "전통"과 "공회들"을 성경에 추가했듯이, 서방의 많은 성경 번역가들(로마와 프랑스의 리용) 역시 자기들 마음 내키는 대로 성경에다 첨가시켰다. 사도행전에는 이렇게 첨가된 것들이 수십 개가 되고, "D" 필사본의 경우(세 번째 도표 참조) 마태복음 20:28; 3:16, 누가복음 23:48; 3:22, 요한복음 6:56; 11:39, 누가복음 23:53에서 내용이 첨가되었다. [NASV 본문의 경우 마가복음 16장 이후에 첨가된 내용들이 이탤릭체로 되어 있다. 이 경우에는 거짓이라는 사실이 너무도 분명하기 때문에 어처구니가 없을 지경이다.]

이렇듯 절대적인 권위로서 "한 개 이상"의 권위를 제시하는 이유는 상충되는 두 개의 권위 사이에서 로마 교회 스스로가 중재자 역할을 할 수 있기 때문이다. 그렇게 함으로써 로마 교회는 최고의 권위의 자리에 앉게 된다! 그들의 "전통"에서는 "사제들을 아버지"라 부르고 "미사를 연속되는 그리스도의 희생제사"라고 가르치는 반면, "성경"에서는 "땅에 있는 사람을 자신의 아버지라 부르지 말라"(마 23:9)고 하고

"문자적인 희생제사는 그리스도와 함께 끝났고(히 10:1-18) 이 시대에는 오직 "영적인 제물들"만(벧전 2:5) 드리게 된다고 말한다.

이렇게 상충되는 두 개의 권위가 존재할 경우 그 갈등과 모순을 해결해야 하는데, 어떤 권위를 지닌 교회가 "해결사"로 등장하여 "성경"과 "전통" 두 개의 권위 위에서 절대적인 심판자로 군림하게 된다. 결국 로마 교회가 "하나님"이 되어 버리는 것이다.

다음 페이지에서 댈러스, 휘튼, 비올라, 미드웨스턴, 풀러, 밥존스, 사우스이스턴, 콜롬비아, 트리니티, 클리어워터, 린치버그, 하일스-앤더슨, 루이빌, 포트워스 등의 대학교들에서 얼마나 많은 교수진들이 이와 똑같은 일을 하고 있는지 주목하라!

보수주의 학문은 참된 본문에서
다음과 같은 구절들을 삭제한다.

이것이 바로 소위 "히스키안 또는
이집트(알렉산드리아) 계열"의 본문이다.

여섯 번째 도표

앞 페이지에 나오는 그림은 "보수주의 근본주의자"가 교육을 받은 〈킹제임스성경〉의 비평가로 자처하면서 하나님의 말씀을 어떻게 다루고 있는가를 보여 준다. (이것은 〈뉴스코필드주석성경〉 편집위원회나 "로크만 재단"의 위원들이 하는 일과 똑같다.)

"기독교 학교들"의 교수진들이 "신뢰할 만하고 권위 있는" 성경으로 항상 "한 개 이상의 성경"을 추천하는(그러면서 그들은 RSV나 NRSV를 비평하고 있다) 이유는, 그렇게 함으로써 그들 자신이 "믿음과 실행의 모든 문제들"에 있어서 최종권위가 될 수 있기 때문이다. 이것은 "그리스도의 신성"(요 1:18, 딤전 3:16), "그리스도의 승천"(눅 24:51,52), "그리스도의 부활"(행 1:3), "그리스도의 동정녀 탄생"(눅 2:33, 행 4:27), "그리스도의 피를 통한 구속"(골 1:4)에 관한 구절들에서 ASV(또는 NASV)의 본문과 〈킹제임스성경〉의 본문이 서로 상충된다는 사실을 확인할 때, 쉽게 이해할 수 있다. 자 이렇게 다른 역본들과 〈킹제임스성경〉 사이에 상충되는 본문들이 있을 때, 어떤 본문이 올바른지를 결정하는 사람은 과연 "누구"인가?

알다시피 다름 아닌 "대학교 교수진들"인 것이다!

바로 이런 이유 때문에, ASV가 "제자들의 기도"(소위 "주기도문"으로 잘못 알려져 있는 기도)의 끝부분(마 6:13), 사도행전 8:37 전체, 사도행전 9:5,6의 절반 이상을 삭제했음에도, 대부분의 근본주의 학교들이 ASV를 어떤 형태로든지 학생들에게 추천하고야 마는 것이다.

이렇듯 하나님의 명예를 더럽히는 쓰레기를 추천하는 목적은 그렇게 해야만 학교 스스로가 성경 위에 심판자로 서서 그 학교에 다니는 학생들에게 최종권위로 군림할 수 있기 때문이다. 결국 근본주의자들은 "기독교 교육"으로 "신"을 하나 만들어 낸 것이다. 그들은 "어떤" 성경도 최고의 권위로서 그들의 "소행이나 저작"(또는 "증거")을 대신하는 것을 용납하지 않을 것이다. 말하자면 그들 스스로가 신이 된 것이다.

ASV, NASV와 같은 소위 "보수주의" 번역본들은 모두 로마카톨릭의 이집트 계열의 본문을 사용하고 있다. 이것은 시리아 안티옥의 그리스도인들의 권위 있는 헬라어 본문을 대체하기 위해 오리겐과 유세비우스가 편집한 본문이다.

성경대로 믿는 사람들은
여전히 권위 있는 본문을 가지고 있다.
그리스바흐
트레겔레스
그레고리
로버트슨
로크만 재단
벌게이트
<굿뉴스바이블>
<확대역본>
<리빙바이블>
ASV(1901)
RV(1884)
RSV (1946)
<공동번역성서, 1973>
ASV
이것이 바로 "시리아
또는 비잔틴 계열"의 본문이다

일곱 번째 도표

이 그림은 한 젊은 "벌목꾼"이 〈킹제임스성경〉과 〈루터성경〉의 헬라어 본문을 사용하여 썩은 나무들로 가득 찬 숲에서 벌목하는 모습을 보여 준다. 이 젊은이가 갖고 있는 도끼는 유일하게 종교개혁의 헬라어 본문보다 더 예리한 도끼인데, 이것이 바로 종교개혁의 "영어" 본문이다. 이 헬라어 본문은 지난 100년 동안 보수주의 및 자유주의 학문의 저작을 충분히 전복시키고도 남는다.

〈킹제임스성경〉은 알렉산드리아와 로마에서 날조된 헬라어 본문들에서 나오지 않았다. 그러므로 ASV, NASV뿐 아니라 그 밖에 어떤 "새로운" 성서들도 〈킹제임스성경, 1611〉의 개정본이 아니다. 자유주의나 보수주의, 그 외에 이들과 마찬가지로 〈킹제임스성경〉을 증오하는 학자들은 모든 영어 성경들이 서로의 개정본들이라고 사람들을 설득시키려 하지만, 이것은 새빨간 거짓말이다. 〈제네바성경〉, 〈비숍성경〉, 〈틴데일성경〉, 〈킹제임스성경〉은 〈굿뉴스바이블〉이나 〈리빙바이블〉, NASV, RSV 등의 성경들과 같은 노선에 있지 않다. 이런 변개된 성경들은 바티칸 시국이 출간한 1582년의 예수회의 〈림즈듀웨이성경〉과 맥을 같이한다. 그러므로 소위 "공인 본문" 또는 "표준원문"이라 불리는 〈킹제임스성경〉의 헬라어 본문은 이들 새로운 "성서들"

의 헬라어 본문과는 몇 번이고 계속해서 상충될 것이다.

진리가 명확하게 드러나도록 하기 위한 가장 좋은 방법은 왜소한 소나무와 오크 나무가 자라는 땅을 깨끗하게 만드는 수단으로서 헬라어 〈표준원문〉 또는 〈킹제임스성경〉을 사용하는 것이다. 결코 주저하지 말고 〈킹제임스성경, 1611〉의 종교개혁 본문으로 어떤 영어 "성서"라도 바로잡으라. 〈표준원문〉 또는 "제왕의 본문"으로 절대 주저하지 말고 어떤 헬라어 본문이라도 바로잡으라.

하나님께서는 당신에게 양날이 있는 무기를 주셨다. 이 무기로 숲을 망가뜨리는 잡목들을 모두 잘라낼 수 있다.

현대 "근본주의" 학자들에게는 "신뢰할 만한 번역본들"은 있어도 "무오한 권위"는 없다.

"자기 자신이 하나님인 것이다!"

"두 얼굴"을 가진 현대의 보수주의자!

"기독교" 학교들이 "신뢰할 만한 번역본"을 언제나 한 개 이상 가지고 있는 이유는, 번역본들이 서로 다르거나 상충될 때 스스로 최종권위가 될 수 있기 때문이다. 그렇게 되면 결정적인 요인은 성경이 아니라 해당 학교들의 "교수진"이 된다. 결국 그들 스스로가 "믿음과 실행의 모든 문제들에 있어서 최종권위"가 되는 것이다.

그들은 성경이 자기들을 판단하는 것을 결코 허용하지 않는다. 오히려 그들이 성경을 판단한다!

여덟 번째 도표

앞의 그림은 "더 나은 번역본"을 가진 척함으로써 신학생을 성경에서 돌아서도록 만드는 헬라어 교수(또는 로크만 재단의 위원)의 전형적인 모습을 보여 준다. 이런 짓을 하기 위해 교수들은 대체할 수 있는 다른 번역본이 보다 더 "정확하다"고 말함으로써 〈킹제임스성경〉의 본문에서 "확실하고 분명한" 구절을 없애 버린다. 그러나 〈킹제임스성경〉이 "정확하게" 번역되었다 싶은 구절에서는 다른 대체할 수 있는 번역본이 보다 더 "분명한" 의미로 번역되었다고 말함으로써 그 구절을 없애 버린다. 이것이 오늘날 미국의 기독교 학교 98%의 교실들에서 자행되고 있는 거짓말이다. 이런 식으로 3,000여 개의 구절들이 공격받은 후에, 거룩한 성경은 자물쇠로 채워져 폐기되고 만다. 결국 학생들에게는 "헬라어 교수"가 최종권위라는 인상만 남게 된다! 이로 인해 권위가 성경 대신 학교에 주어지는데, 이것이 바로 현대의 "기독교" 학교들이 오랫동안 존속하고 살아남을 수 있는 방법이다. 그들은 성경을 훼손시켜가면서 그렇게 하고 있는데, 그러면서도 성경을 "가르치고" 있다고 큰소리치고 있는 것이다!

현대의 성경 개정자들(특히 로크만 재단)은 머리가 두 개 달린 방울뱀처럼 한 입 가지고 두말하고 있는 자들이다. 이러한 사실은 한두 번도 아니고 여러 경우에서 증명된다. 이런 문제에 관해 증거가 필요한 독자라면, 저자의 주석서들을 보기 바란다. 이 주석서들(특히 〈사도행전〉, 〈갈라디아서〉, 〈에베소서〉, 〈빌립보서〉, 〈골로새서〉, 〈잠언〉, 〈출애굽기〉 주석서들)을 통해서 ASV(1901), NASV(1963) 또는 그와 같은 성서들을 추천하는 사람들 사이에서 무슨 일이 벌어지고 있는지 볼 수 있을 것이다.

현대의 보수주의 헬라어 교사들은 평생 동안 단 한 가지 강박 관념에만 사로잡혀 살고 있는데, 이는 곧 그리스도의 몸에서 〈킹제임스성경, 1611〉의 무오한 권위를 영원히 제거시키는 것이다. 그들의 마음 속에 있는 다른 모든 생각들은 부차적인 생각들일 뿐이다. 그들은 이 본문을 제거하기 위해서라면 어떠한 변명이나 구실이라도 고안해 낼 것이다. 이렇게 하는 목적은 성경의 권위를 "자기 자신"으로 대체시키기 위해서이다. 왜냐하면 그들 스스로가 이미 그 권위 있는 본문을 판단하는 자리에 앉아 군림해 왔기 때문이다.

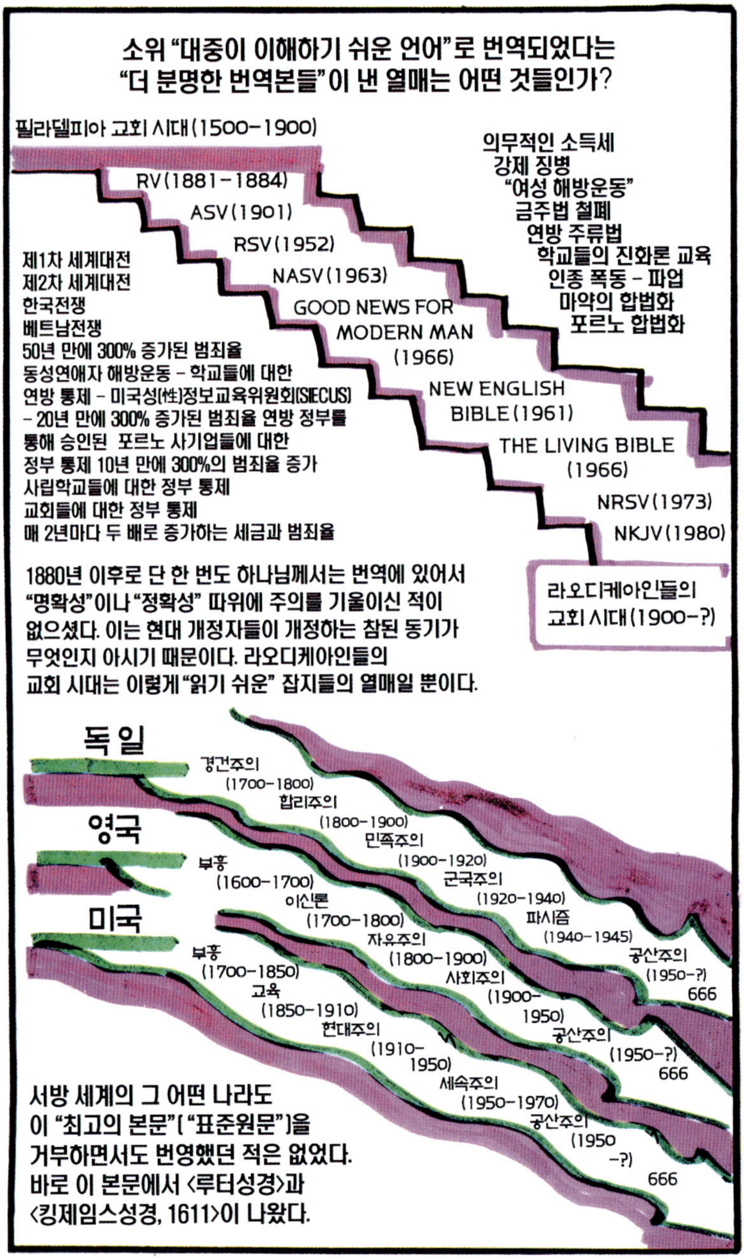
소위 "대중이 이해하기 쉬운 언어"로 번역되었다는
"더 분명한 번역본들"이 낸 열매는 어떤 것들인가?
필라델피아 교회 시대(1500-1900)
RV(1881-1884)
ASV(1901)
RSV(1952)
NASV(1963)
GOOD NEWS FOR MODERN MAN (1966)
NEW ENGLISH BIBLE(1961)
THE LIVING BIBLE (1966)
NRSV(1973)
NKJV(1980)
라오디케아인들의 교회 시대(1900-?)
의무적인 소득세
강제 징병
"여성 해방운동"
금주법 철폐
연방 주류법
학교들의 진화론 교육
인종 폭동 - 파업
마약의 합법화
포르노 합법화
제1차 세계대전
제2차 세계대전
한국전쟁
베트남전쟁
50년 만에 300% 증가된 범죄율
동성연애자 해방운동 - 학교들에 대한
연방 통제 - 미국성(性)정보교육위원회(SIECUS)
- 20년 만에 300% 증가된 범죄율 연방 정부를
통해 승인된 포르노 사기업들에 대한
정부 통제 10년 만에 300%의 범죄율 증가
사립학교들에 대한 정부 통제
교회들에 대한 정부 통제
매 2년마다 두 배로 증가하는 세금과 범죄율
1880년 이후로 단 한 번도 하나님께서는 번역에 있어서
"명확성"이나 "정확성" 따위에 주의를 기울이신 적이
없으셨다. 이는 현대 개정자들이 개정하는 참된 동기가
무엇인지 아시기 때문이다. 라오디케아인들의
교회 시대는 이렇게 "읽기 쉬운" 잡지들의 열매일 뿐이다.
독일
경건주의 (1700-1800)
합리주의 (1800-1900)
민족주의 (1900-1920)
군국주의 (1920-1940)
파시즘 (1940-1945)
공산주의 (1950-?) 666
영국
부흥 (1600-1700)
이신론 (1700-1800)
자유주의 (1800-1900)
사회주의 (1900-1950)
공산주의 (1950-?) 666
미국
부흥 (1700-1850)
교육 (1850-1910)
현대주의 (1910-1950)
세속주의 (1950-1970)
공산주의 (1950 -?) 666
서방 세계의 그 어떤 나라도
이 "최고의 본문"("표준원문")을
거부하면서도 번영했던 적은 없었다.
바로 이 본문에서 〈루터성경〉과
〈킹제임스성경, 1611〉이 나왔다.

아홉 번째 도표

이 도표는 우리에게 두 가지 사실을 보여 준다. 우선 교회 시대의 마지막은 요한계시록 3장에서 볼 수 있듯이 라오디케아인들의 교회의 모습으로 묘사될 수 있다. 모든 전천년주의자들은 교회 시대의 끝이 일곱 교회들(계 2,3장) 가운데 가장 좋은 내용으로 묘사되는 필라델피아 교회 다음의 라오디케아인들의 교회라는 사실을 알고 있다.

이 마지막 교회는 배교한 교회이다. 1800년 이래로 번역된 모든 성경은 배교한 교회들의 선두주자가 되었다. 그리고 이들은 소위 "대중이 이해하기 쉬운 언어"로 번역되었다는 "더 분명하고 더 나은" 모든 번역본들과 함께 보다 더 낮은 영적 수준으로 전락해 버렸다.

우리는 1880년 이래로 오늘날까지 출간된 "성서들"의 "열매들"을 통해 그 성서들의 "권위"와 "신뢰성"에 대해 알아볼 필요가 있다. 미국, 독일, 영국은 성령께서 영감을 불어넣으시고 보존하신 〈표준원문〉을 거부함에 따라 점점 더 악화되어 나갔다.

1904년에는 영국해외선교협회가 선교 현장에서 〈킹제임스성경〉을 오리겐의 변개된 이집트 본문(독일에서 나온 네슬의 헬라어 본문)으로 대체했다.

1901년에는 미국의 보수주의 학교들이 이러한 전례를 따라 〈킹제임스성경〉을 신성모독적인 ASV의 본문으로(딤전 3:16, 눅 2:33, 행 4:27의 본문을 참조) 대체시키려 했다.

이에 이 두 나라는 20년도 채 못 되어 세계대전에 휘말리게 되었고, 50년도 채 못 되어 이 두 나라는 자국 내에서 어떤 진정한 부흥도 이룰 수 없었다.

독일은 1850년 이전에 이미 〈루터성경〉을 완전히 거부함으로써 배교의 길을 걷게 되었다(1800-1850).

이러한 나라들의 미래는 현재 멕시코, 스페인, 인도, 남아메리카가 처해 있는 상황과 똑같은 모습이다. 거룩한 성경(가장 위대한 선교의 시대에 하나님께서 사용하신 성경)을 조롱하는 어떤 나라도 하나님의 징벌을 면하지 못할 것이다. "세상에서 가장 위대하고 경건한 사람에게는 책들의 제왕을 마음대로 손대서 고칠 수 있는 권한이 있다"고 생각하는 사람이 있다면, 그는 실로 바보임에 틀림이 없다!

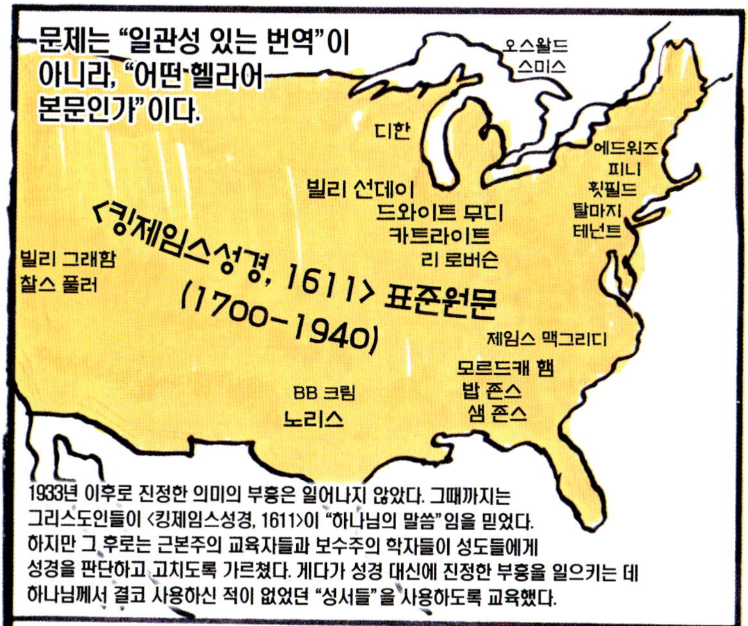
문제는 "일관성 있는 번역"이 아니라, "어떤 헬라어 본문인가"이다.
오스왈드 스미스
디한
에드워즈
피니
휫필드
탈마지
테넌트
빌리 선데이
드와이트 무디
카트라이트
리 로버슨
빌리 그래함
찰스 풀러
<킹제임스성경, 1611> 표준원문 (1700-1940)
제임스 맥그리디
모르드캐 햄
밥 존스
샘 존스
BB 크림
노리스
1933년 이후로 진정한 의미의 부흥은 일어나지 않았다. 그때까지는 그리스도인들이 <킹제임스성경, 1611>이 "하나님의 말씀"임을 믿었다. 하지만 그 후로는 근본주의 교육자들과 보수주의 학자들이 성도들에게 성경을 판단하고 고치도록 가르쳤다. 게다가 성경 대신에 진정한 부흥을 일으키는 데 하나님께서 결코 사용하신 적이 없었던 "성서들"을 사용하도록 교육했다.

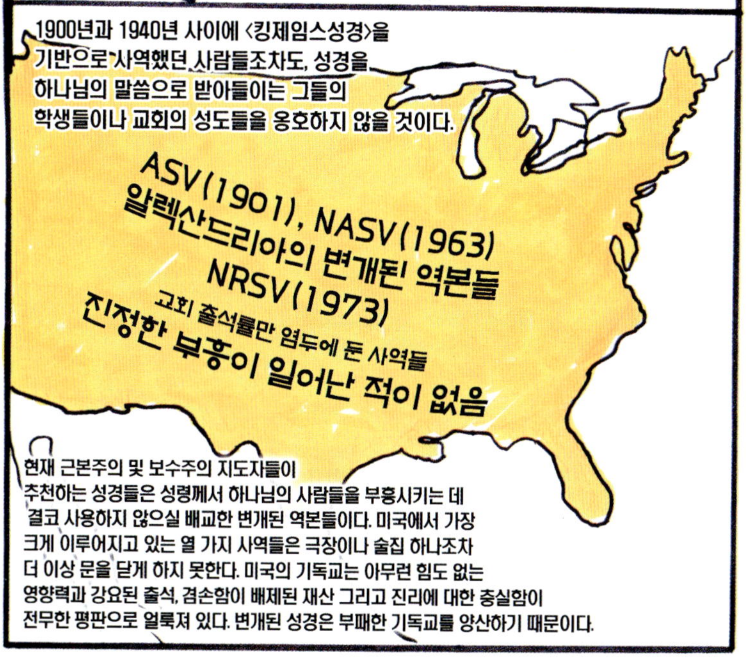
1900년과 1940년 사이에 <킹제임스성경>을 기반으로 사역했던 사람들조차도, 성경을 하나님의 말씀으로 받아들이는 그들의 학생들이나 교회의 성도들을 옹호하지 않을 것이다.
ASV(1901), NASV(1963)
알렉산드리아의 변개된 역본들
NRSV(1973)
교회 출석률만 염두에 둔 사역들
진정한 부흥이 일어난 적이 없음
현재 근본주의 및 보수주의 지도자들이 추천하는 성경들은 성령께서 하나님의 사람들을 부흥시키는 데 결코 사용하지 않으실 배교한 변개된 역본들이다. 미국에서 가장 크게 이루어지고 있는 열 가지 사역들은 극장이나 술집 하나조차 더 이상 문을 닫게 하지 못한다. 미국의 기독교는 아무런 힘도 없는 영향력과 강요된 출석, 겸손함이 배제된 재산 그리고 진리에 대한 충실함이 전무한 평판으로 얼룩져 있다. 변개된 성경은 부패한 기독교를 양산하기 때문이다.

열 번째 도표

앞 페이지에 제시된 두 개의 미국 지도는 1700-1950년의 상황과 1950-1990년의 상황을 비교해서 보여 주고 있다. 성경 대신에 자기가 최종권위가 되기 위해서 〈킹제임스성경〉 이외의 성경을 "추천하는" 빌리 그래함조차도 〈킹제임스성경〉으로 시작했던 사람이다. 지금도 여전히 자신이 원하는 어떤 "결과들"이 나타나기를 기대할 때에는 이 성경으로 설교한다.

설교자들에게 ASV(또는 NASV)를 "추천"하면서도 〈킹제임스성경〉을 "사용"하도록 가르치는 자들은 다름 아닌 "기독교 학자들"이다. 1940년 이후로 지금까지, 훈련된 젊은 설교자들은 〈킹제임스성경〉을 "사용"하도록 훈련을 받아 왔다. 물론 이것은 "옛 믿음의 선진들"이 믿었던 대로 성경을 믿음과 실행의 모든 문제들에 있어서 "유일한 권위"로 인정했기 때문이 아니라, 이 성경이 그저 사람들에게 "친숙"하고 전통적으로도 "공인된" 성경이었기 때문이다. 즉 현대의 설교자들은 "그들의 회중들을 기만하기 위해" 훈련된 기독교 대학 및 신학교 출신들인 것이다.

미국에는 자유가 있으므로 누구나 자기가 선호하는 어떤 성경이라도 사용할 수 있고 또 지지하거나 장려할 수 있다. 그러나 그 사람이 강단에 서서 성경을 흔들며 "이것이 하나님의 말씀입니다! 우리는 성경이 하나님의 말씀을 단순히 포함하고 있을 뿐만 아니라, 하나님의 말씀이라고 믿습니다!"라고 외치면서도, 정작 자신은 그 성경을 믿지 않고 자신을 가르친 교사들도 믿지 않으며 또 자신을 4년 동안이나 다니도록 끌어들인 학교도 믿지 않고 있다면, 그것은 "죄"를 짓는 것이다! 학생들이나 회중들을 얻기 위해 거짓말하는 이 일단의 위선자들을 통해 하나님께서 전국적인 부흥을 일으키실 리가 만무하다. 그런 허튼소리로 어떤 "증언"을 할 수도 있고 또 어떤 "기관"을 설립할 수도 있겠지만, 단 한순간이라도 성령 하나님을 속일 수는 없다. 성령께서는 원본을 기록하셨고 그 권위 있는 본문을 보존하신 분이시다.

미국에서 언론이나 홍보를 통해 수십 개의 커다란 사역들을 세우는 일은 참된 "부흥"의 표적이 결코 아니다. 그러한 것들 대신에 10,000개 이상 되는 도시들 모두에서 그 도시들을 휘젓고, 사람들의 관심을 성경으로 돌리며, 잃어버린 혼들에게 죄의 찔림을 주고, 해당 시의 모든 정치인들에게 그런 찔림과 압박감을 줄 수 있는 사역들이 필요하다. "부흥"과 버림받은 포도원에서 몇 안 되는 마지막 포도들을 따는 것은 똑같지 않다. 미국의 모든 주요 근본주의 학교들은, 구원받고 〈킹제임스성경〉 또는 거기에서 직접 번역된 성경으로 사역하는 목사나 신학교에서 설교자로 부름받은 사람들에 의해 세워졌다.

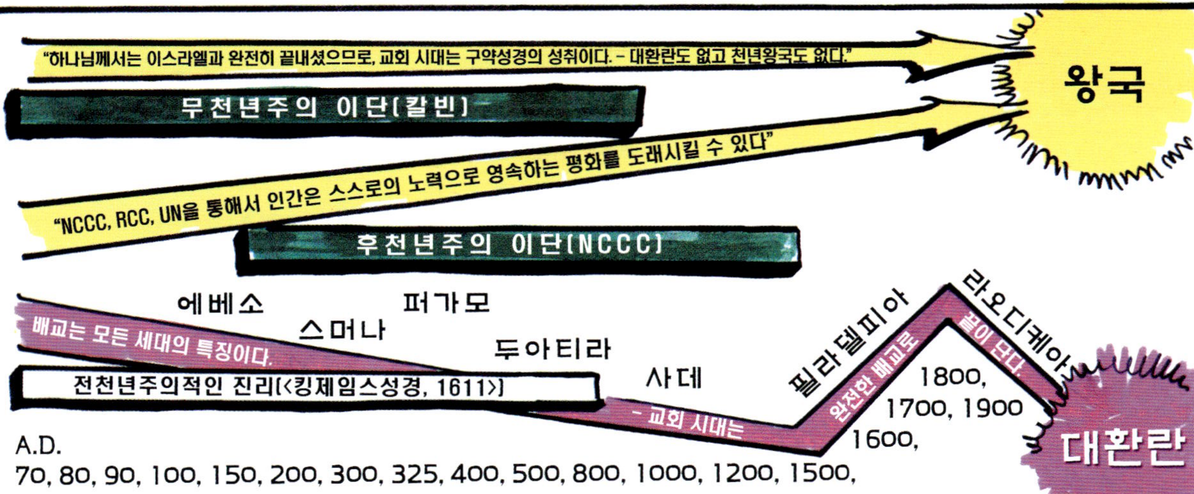

이 세상에 진정한 성경대로 믿는 사람들은, 1900년 이후로 개정된 성서들, 곧 누가 어떤 언어로 그것을 개정했든지 또 그 양이 얼마나 되든지, 그러한 개정본들이 성경을 더 잘 이해하게 해줄 수 있을 것이라고 믿지 않는다. 성경은(단 12장, 딤후 3장, 마 24장) "성경적 기독교"의 미래의 모습에 대해 이미 그 윤곽을 묘사해 놓았다. 1880년 이후에 나온 어떤 성경이 "향상된 것"이라고 믿기 위해서는, 다윈의 진화론을 성경 예언에 적용시켜야만 한다. 불행하게도 근본주의 교육자들은 창세기 1-3장을 다룰 때에는 다윈을 인정하지 않는다 하더라도 성경 개정에 있어서만큼은 다윈을 신봉하고 있다. 과연 비틀즈의 음악이 바흐의 음악보다 더 이해하기 쉬운가?

이것은 무엇을 증명해 주는가?!

열한 번째 도표

이 도표는 현대의 모든 성경 개정자들이 얼마나 어리석은 자들인지를 보여 준다. 왜냐하면 진정한 성경대로 믿는 사람이라면 "대중이 이해하기 쉬운 언어로" 만들어졌다는 "더 분명한" 번역본들이 기독교의 미래에 어떤 영향력을 미칠 수 있을 것이라고는 믿지 않기 때문이다.

오늘날 개정자들은 새로운 "성서들"을 출간할 때마다 그 목적이 시대의 흐름에 따른 언어의 변화를 따라잡기 위한 것이라고 둘러댄다. 그러나 이것은 아무짝에도 쓸모없는 헛소리에 불과하다. 왜냐하면 이것은 1901년 이후로 열네 개 이상의 번역본들이 출간되는 와중에도, 〈킹제임스성경, 1611〉은 400년 전이나 지금이나 여전히 건재해 있지만, 지난 110여 년 동안 출간된 현대 성경들은 오히려 시대에 뒤쳐져 폐기처분되었다고 말하는 어리석은 주장이기 때문이다. 도대체 누구를 속이려 드는가? 성경은 항상 논란의 대상이 되어 왔던 책이므로, 어떤 성경이 "새롭게" 출간되었다고 한다면 잘 팔리는 것은 당연한 일 아니겠는가?

"하나님의 말씀을 지켰던" 교회(계 3장)는 사도들이나 소위 사도적인 교부들의 교회(A.D. 90-150)가 아니었다. 그것은 A.D. 1500-1900년의 "필라델피아 교회"였다. 어디 미친 사람이 아니고서야 향후 30년

내에 소위 "살아 있는 성경"의 살아 있는 언어, 곧 이해하기 쉬운 "현대어"로 번역되었다고 하는 "더 분명한 번역본들"로 인해 대부흥이 일어나리라고 기대할 사람이 있겠는가? 오늘날 지상에서 유일하게 "살아 있는 성경"(Living Bible)은 〈킹제임스성경〉 또는 이 성경에서 번역한 성경들이다. 개정본과 번역본들의 증가로 성경 공부의 진전을 이루고 성경을 점점 더 잘 이해할 수 있게 되었다고 생각하는 사람은 마태복음 24장, 마가복음 13장, 디모데후서 3장, 요한계시록 2,3장, 디모데전서 4:1-5, 데살로니가후서 2:1-11, 다니엘 2,7,9,12장의 말씀을 정면으로 부인하고 있는 것이다. 즉 1800년 이후에 나온 어떤 성경 개정본이 "보다 향상된" 번역본이기 때문에 인류에게 "영적인 안녕과 행복"을 가져다 주었다고 생각하려면 그는 성경을 거부하는 얼간이가 되어야만 한다.

자 눈에 보이는 교회의 미래의 모습은 "배교"이다. 이 교회가 사용하는 성경은 "배교한 성경"이 될 것이다. 〈킹제임스성경〉은 1611년 이전이나 이후, 그 어느 때에도 배교한 성경이 된 적이 한 번도 없었다. 무천년주의자들이 생각하는 역사는 최후의 심판 때까지 어떤 특별한 중단 없이 평범한 수준으로 펼쳐져 나가는 것이다. 후천년주의자들은 재림 때까지 세상을 "더욱 더 좋게" 만들려고 한다. 그러나 성경은 1900년 이후로 (더 소급하면 바흐, 브람스, 베토벤, 전기와 가솔린 엔진의 발명 그리고 〈킹제임스성경〉 이후로) 상황이 점점 더 나빠지고 망가져 갈 것이라고 말씀한다. 〈킹제임스성경〉이 없다면 향후 나오게 될 어떤 번역본도 진리에 눈을 뜨게 하지는 못할 것이다.

위의 책들에서 발견되는 반성경적인 내용은 다음과 같다.: "하나님은 없다. 하늘나라도, 지옥도, 거듭남도 없다. 죄는 환상에 불과하다. 인간은 동물로부터 나왔다. 땅은 창조되지 않았다. 인간은 스스로의 노력으로 지상에 평화를 가져올 수 있다. 외설(포르노)은 예술이다. 음행과 간음은 죄가 아니다. 인간의 주요 문제는 경제적인 것이다. ASV는 믿을 만한 번역본이다. 필사본 증거에 대한 거짓말과 행위에 의한 구원. 부활은 없다. 물질의 영원성. 인간은 기본적으로 선하다. 성경 안에는 모순이 있다. 인종 통합은 기독교적이다. 모든 진리는 상대적이다. 미래는 알 수 없다. 물 뿌림에 의한 중생 등"

열두 번째 도표

결론적으로 "책들의 제왕"인 성경은 지상에서 지금까지 출간된 어떤 책들보다도 단연 월등하고 뛰어나다. 성경의 앞표지부터 뒤표지까지 그 범위를 벗어나는 순간, 오류에 빠지거나 동화되지 않는다 할지라도, 오류를 범하고 종속될 가능성이 매우 높다.

앞 페이지의 그림에 열거되어 있는 여러 책들 속에는 나름대로 오류가 들어 있다. 이런 오류들은 하나님과 도덕적인 의를 정면으로 거부하는 것에서부터 시작해서 "시제" 및 "동사의 어미"와 연관된 미묘한 차이들에 이르기까지 다양하지만, 그림의 왼쪽에서부터 오른쪽까지 서고에 쌓여 있는 모든 책들은 나름대로 갖가지 "오류"를 담고 있는 것이다. 어떤 번역본들이든지 〈킹제임스성경〉으로 판단해도 아무 문제가 없다. 〈킹제임스성경〉의 본문을 고수하기를 거부하는 어떤 본문도 〈킹제임스성경〉의 본문에 맞추어 수정해도 무방하다. "원문에 충실하지 못한 번역"이나 "관용적 표현"이 들어 있을 수 있겠지만, 사용된 본문은 반드시 종교개혁 성경인 〈킹제임스성경, 1611〉이어야 하지, 결코 네슬, 알란드, 메츠거 그리고 그 외의 사람들이 독일에서 출간한 부패하고 신성모독적인 헬라어 본문이어서는 안 된다.

하나님께서 설교자로 부르신 신학생의 경우, 헬라어 문법학자 및 어원학자, 고고학자, 신학자, 성경 개정자, 성경 주석가, 성경 비평가 그리고 특히 자신의 학식과 지성으로 〈킹제임스성경〉의 본문을 대체하는 데 전 생애를 바친 헬라어 및 히브리어 교수들을 측정하는 잣대로 〈킹제임스성경〉을 사용하면 어떤 오류도 범하지 않을 것이다. 오류는 "학문의 자유"라고 하는 예복이나 만화에 나오는 어릿광대 옷을 입고 나타날 수 있다. 때때로 "광합성"에 관한 과학적 논문 따위의 예복을 입고 가두 행진을 하는 경우가 있고, 미국성(性)정보교육위원회에서 출간한 외설 문학처럼 추잡한 누더기를 쓴 채 발견되는 경우도 있다. 그러나 어떤 모습으로 드러나든지 오류는 오류일 뿐이다. 반면에 진리는 말 그대로 진리이다. 게다가 절대적인 최고 주권자이신 하나님께서는 다른 모든 "진리들"과 책들을 판단할 수 있는 "절대적 진리"의 책 한 권을 쓰셨다. 이 책은 "책들의 제왕"이다. 따라서 "제왕의 판단과 의견"을 거스르는 어떤 책들도 쓰레기통에 던져 버릴 수 있다.

진리를 발견하고 지키는 데 관심을 갖고 있는 하나님의 자녀라면 현대의 "학자 연합"을 구성하는 "전문 직업인들"의 아주 그럴듯한 말과 속임수에 미혹되어서는 안 된다. 예외 없는 규칙은 없지만, 그렇다고 그 예외가 규칙을 전복시킬 수는 없다. 로마카톨릭 성경을 공부하다가 구원받을 수는 있다. ASV, RSV, 〈리빙바이블〉, NEB와 같은 성경에서도 구원 계획을 발견할 수 있다. 어떤 더 좋은 것이 없을 경우 하나님께서는 3등급 재료라도 사용하실 것이다. 그러나 어떤 사람의 믿음도 그 믿음이 나온 출처보다 더 순수할 수는 없다. 아무리 쓰레기통에서 다이아몬드를 발견하고 또 하수구에서 5달러 지폐를 찾아냈다 하더라도 그 하수구나 쓰레기통을 "은행"이라고 광고해 댈 수는 없는 것이다. 어떤 번역본에서든 믿음의 "근본 사항들"을 발견할 수는 있다. 그렇다고 해서 그러한 번역본들이 "성경"이란 의미는 아니다. 이는 단순히 사탄이 사람들을 속이기 위해 성경을 위조했다는 뜻일 뿐이다.

지난 400여 년 동안 교회사에 등장했던 위대한 구령자들, 선교사들, 복음전도자들은 모두 〈킹제임스성경, 1611〉의 말씀으로 설교하고 글을 썼던 사역 속에서 회심하고 설교자로 부르심을 받았던 사람들이다. A.D. 40-90년의 원본이나 A.D. 100-200년의 시리아어 본문, A.D. 200-400년의 라틴어 본문, A.D. 1500-1600년의 독일어 본문 또는 A.D. 1600-1900년의 영어 본문의 몇몇 구절들이 "새로운" 성경들 안으로 들어갔다면 그 부분만큼은 옳다. 왜냐하면 이러한 성경들은 "거룩한 성경"을 번역한 번역본들이기 때문이다.

그러나 1881년 이후로 번역되어 출간된 모든 성경은 이러한 성경들을 흉내낸 모조품이거나 위조품이다. 따라서 하나님께서는 "영적인 사역"을 이루시는 데 있어서 그런 성경들 중에 어떤 것도 사용하시지 않을 것이다. 물론 그런 성경들도 "판매되고 유통되기는" 할 것이다. 그러나 부흥, 구령, 성경공부에 대한 영향력은 말할 것도 없고 그러한 성경들로부터 얻을 수 있는 계시는 전무하다.

"책들의 제왕"은 과거나 지금이나 여전히 "산들 중의 왕"이다. 하나님께서 당신의 생애나 사역, 교회, 가족, 민족에게 복을 주시기 원한다면, 반드시 〈킹제임스성경〉을 사용하라. 이 성경을 믿고, 설교하고, 가르치며, 홍보하고, 실행하며, 전파하라. 필요하다면 이 성경을 지키다가 죽을 수도 있어야 한다.

바른 성경을 찾아서 14

책들의 제왕

초판인쇄 / 2015년 7월 25일
초판발행 / 2015년 7월 31일
지은이 / 피터 S. 럭크만
옮긴이 / 윤지영
펴낸이 / 이송오
펴낸곳 / 말씀보존학회
등록 / 16-223(88.12.12)
주소 / 서울 강서 우체국 사서함 90호
전화 / (02) 2665-3743 · 팩스 / (02) 2665-3302
인터넷 / www.biblemaster.co.kr

잘못된 책은 바꿔드립니다.

값 3,000 원